La légende d'Halloween

Enrichissez votre Vocabulaire

Un glossaire situé en pages 58-61 donne la signification des mots indiqués en orange dans le texte.

Auteurs : Ella Coalman et Olivier Dubois du Nilac
Illustratrice : Floriane Roussel

Comme chaque année, les devantures[1] des boutiques commencent à se couvrir de toiles d'araignées et de citrouilles[2]. Petit Malin adore cette période que madame i a en horreur.
« Je déteste toutes ces sales bêtes qu'Halloween met à l'honneur ! » ressasse-t-elle[3] à chaque fois qu'elle rentre de courses.

Mais cette année, c'est pire que d'habitude. Petit Malin a deux nouveaux voisins, Aaron et Elon. Deux frères qui adorent faire peur. Alors, Halloween pour eux, c'est la fête parfaite ! L'occasion de se déguiser en zombies[4] ou autres **monstres**.

— Quels affreux que ces deux-là, râle madame i. Ils ne cessent jamais de faire des bêtises, toujours à vouloir faire des farces.

— Eh bien, je ne sais pas s'il s'agit d'une farce, répond Petit Malin, mais nous avons reçu une lettre de leur part qui disait :

Nous vous invitons à une soirée terrifiante[5] *pour Halloween. Venez avec qui vous voulez. Déguisement obligatoire.*

— Ce sera sans moi, dit madame i en tournant les talons[6], il est hors de question que je sorte pour cette fête horrible.

— Qu'est-ce qui est horrible ? questionne le gulu en sortant la tête d'un placard[7].

— Halloween ! répète madame i énervée.

— J'adore ! crie le gulu. D'ailleurs, il faut absolument que nous fassions le tour des maisons du quartier pour récupérer des bonbons !

— Bonne idée, sourit Petit Malin. Après manger, nous irons chercher de quoi nous déguiser. Halloween, c'est demain soir !

Madame i quitte la pièce sur le champ, agacée[8] de voir que personne ne fait attention à ce qu'elle dit. Mais elle revient presque aussitôt.

« Connaissez-vous au moins l'origine d'Halloween ? »

Le gulu et Petit Malin font signe en même temps que non.

— Eh bien moi j'ai cherché. Et vous auriez dû en faire autant !

— Oui… sans doute… mais raconte-nous plutôt, s'impatiente Petit Malin en s'installant confortablement dans le sofa blanc, avant d'être rejoint par le gulu.

Madame **i** s'assoit dans le fauteuil, racle un peu sa gorge pour s'éclaircir la voix et commence son récit :

« Il y a très longtemps, 2500 ans pour être plus précise, les peuples celtes, les Gaulois, les Irlandais, les Écossais, les Gallois, célébraient les saisons et priaient plusieurs dieux.
Ils étaient très croyants et superstitieux[9] ; ils accordaient une place privilégiée[10] aux druides[11] dans leur société. Comme nous, ils avaient des fêtes. Une des plus importantes était celle de Samain, le 31 octobre. Elle correspondait à la veille du nouvel an celte, en gros comme notre Saint-Sylvestre pour fêter la nouvelle année.

Cette nuit-là marquait
le début du cycle hivernal[12],
celui de la lutte entre
les ténèbres[13] et la lumière.

Ils étaient plus noceurs[14] que nous.
La fête elle-même durait presque
une semaine, trois jours avant
et trois jours après. Pour les Celtes,
cette période était une parenthèse[15]
dans l'année. En effet, elle n'appartenait
ni à celle qui s'achevait[16], ni à celle qui
allait commencer.
Le premier jour de l'année, on supposait[17]
que des esprits[18]pouvaient faire une brève
visite à leurs parents, alors que les dieux[19]
de la mort tentaient de rassembler
les âmes[20] de ceux qui étaient décédés[21]
durant l'année. »

— Brrrrrr... je m'attendais à une histoire de bonbons, coupe le gulu.

— Chut, fait Petit Malin.

— Je reprends, dit madame **i**.

« En France, la culture celte a disparu, mais les coutumes[22] populaires de Samain ont continué de se développer en Ecosse, en Irlande, au Pays de Galle et dans certaines régions d'Angleterre.
Ainsi, le soir de la fête de Samain est devenu *All Hallows Even*, c'est à dire " le soir de tous les saints ".
D'ailleurs, avec l'arrivée du christianisme[23] dans ces pays, le pape Grégoire IV instaura la fête de " tous les saints ", que nous appelons la Toussaint[24].
Avec le temps, l'expression *All Hallows Even* se transforma un peu pour devenir Halloween. »

Petit Malin tape dans ses mains.

— Trop fort ! Et comme c'était une fête très populaire en Angleterre, ceux qui ont émigré[25] aux États-Unis l'ont emmenée dans leurs valises ! Étant donné que nous avons tendance à copier ce que font les Américains, nous leur avons repris la fête.

— Tu as tout compris ! s'esclaffe madame i.

Petit Malin sourit.

— Moi je pensais qu'Halloween, c'était un certain Jack.

— Çà c'est autre chose, répond madame I.

— Peux-tu me raconter ?

— Evidemment ! Je pense qu'il faut avant tout que tu saches que Jack-O'Lantern est le nom qu'on donne à la citrouille que l'on évide[26]avant de placer une lumière à l'intérieur au moment d'Halloween.

— C'est drôle de donner son nom à une citrouille, rit le gulu.

— Certes, en revanche lui n'était pas quelqu'un d'amusant du tout. C'était un joueur et un buveur invétéré[27], un personnage méchant et égocentrique[28]. Il était aussi rusé, si rusé qu'il réussit par deux fois à duper[29] le diable en personne.

Jack O' Lanterne

— La terrible légende d'Halloween... dit Petit Malin d'une voix d'outre-tombe[30] pour faire peur à madame i.

Imperturbable[31], celle-ci reprend : « Un soir, alors qu'il était dans une taverne[32], le diable lui apparut et lui réclama son âme.
Jack demanda alors au diable de lui offrir à boire : " Un dernier verre avant de partir pour l'enfer[33]... "

Le diable accepta et se transforma en pièce de six pence[34]. Jack la saisit et la plaça immédiatement dans sa bourse[35]. Cette dernière ayant une serrure en forme de croix, le diable ne pouvait s'en échapper.

Finalement, Jack accepta

de libérer le diable,

à condition toutefois que ce dernier lui accorde un an de plus à vivre.

Douze mois plus tard, Jack lui fit un autre tour. Il demanda au diable de lui cueillir une pomme, la dernière avant qu'il ne quitte la terre. Le diable accepta et grimpa à l'arbre. Avant qu'il ne descende, Jack dessina une croix sur le tronc. Le diable était à nouveau piégé. Jack lui fit alors promettre de ne plus jamais venir chercher son âme, ce que le diable contraint[36] accepta. Jack effaça alors la croix et le diable put s'en aller.

Quand finalement Jack mourut, il fut chassé du paradis[37] pour sa mauvaise conduite et le diable refusa de l'accueillir en enfer.
Il lui offrit simplement un morceau de braise[38] que Jack plaça dans un navet[39] pour éclairer son chemin d'errance[40] éternelle.
C'est ainsi qu'il réapparait chaque année, le jour de sa mort, à Halloween. »

— Ce n'est pas très gai ! s'indigne[41] le gulu... Et surtout, ça ne parle toujours pas de bonbons.

— Je vous raconterai la suite plus tard. Je dois aller faire mes frites.

— Pendant ce temps-là, je vais répondre à l'invitation d'Aaron et Elon, décide Petit Malin.

Aaron et Elon

Il sort un joli papier et écrit :

C'est avec une grande frayeur[42]
que je serai parmi vous demain.
Monstrueusement vôtre.

Très content de sa formule, il court glisser sa réponse dans leur boîte aux lettres.

« C'est l'heure de manger ! » claironne[43] madame i.

— Les frites sont délicieuses, clame Petit Malin la bouche encore pleine. Maintenant, peux-tu nous raconter…

— … le pourquoi des bonbons ! achève[44] le gulu.

Satisfaite d'être sollicitée[45] à nouveau pour sa culture, madame i reprend le fil[46] de ses explications.

« La tradition du porte à porte et du fameux[47] " trick or treat* " date des années 1930. Les enfants se déguisent pour donner l'illusion que des esprits maléfiques[48] reviennent hanter[49] les rues. Autrefois, les pauvres chantaient et récitaient des prières en échange de " soul cakes[50] ". »

**un bonbon ou un sort*

— Ah, c'est seulement ça ! s'étonne Petit Malin.
Je m'attendais à quelque chose de plus… incroyable.

— Eh non, c'est juste une tradition[51] ! répond madame İ dépitée[52], avant d'inviter Petit Malin et le gulu à débarrasser la table.
Et je la déteste, mais j'ai tout de même pensé à toi…

Aussitôt, elle disparait avant de revenir avec un masque de vampire[53]. Le gulu pousse un cri et Petit Malin éclate de rire.

— C'est contre tous mes principes,
mais te voilà déguisé pour ce soir,
se réjouit-elle en lui tendant le masque.
Et puis avec ça, tu récolteras[54]
certainement de quoi satisfaire
la gourmandise[55] du gulu.

Après avoir rempli un sac de bonbons en faisant le tour du quartier, Petit Malin alla rejoindre ses nouveaux amis.
Aaron et Elon se révélèrent être des hôtes[56] extraordinaires.
Une soirée mémorable[57],

bonbons et monstres à volonté !

GLOSSAIRE

(1) devantures : ce sont les vitrines des boutiques.

(2) citrouilles : La citrouille est un fruit volumineux de la famille des cucurbitacés de couleur jaune orangé.

(3) ressasse-t-elle : madame **i** répète sans cesse la même choses.

(4) zombies : un zombie est une sorte de mort-vivant. C'est une créature légendaire adoptant un comportement violent envers les humains.

(5) terrifiante : qui fait peur, qui remplit de terreur.

(6) en tournant les talons : en partant.

(7) placard : meuble fermé dans lequel on range des choses.

(8) agacée : madame **i** est un peu fâchée.

(9) superstitieux : ils croyaient en des puissances surnaturelles, en des forces que l'on ne voit pas.

(10) privilégiée : Les druides avaient des avantages que les autres personnes n'avaient pas.

(11) druides : prêtres celtes en Gaule, en Bretagne et en Irlande. Ils célébraient les messes pour les dieux.

(12) hivernal : qui concerne l'hiver.

(13) ténèbres : obscurité profonde, nuit noire, qui peut provoquer la peur, l'angoisse.

(14) noceurs : fêtards. Ils aimaient faire la fête.

(15) parenthèse : un moment mis à part, un peu particulier.

(16) s'achevait : se terminait.

(17) supposait : croyait.

(18) esprits : êtres immatériels comme les fantômes.

(19) dieux : êtres surnaturels supérieurs aux hommes.

(20) âmes : l'âme est le principe vital et surnaturel qui animerait le corps d'un être vivant.

(21) décédés : morts.

(22) coutumes : une coutume est une habitude suivie par des personnes, un usage établi devenu une règle, une pratique collective qui se transmet oralement de génération en génération.

(23) christianisme : c'est une religion fondée sur l'enseignement, la personne et la vie de Jésus de Nazareth.

(24) Toussaint : fête pour la célébration de tous les saints.

(25) émigré : personne qui quitte l'endroit où il se trouvait pour un autre endroit, un autre Etat, afin de s'y installer.

(26) évide : on enlève l'intérieur de la citrouille à l'aide d'un couteau.

(27) invétéré : qui s'est fortifié, enraciné chez quelqu'un avec le temps et dont il ne peut se départir.

(28) égocentrique : personne qui se prend pour le centre du monde.

(29) duper : tromper, mentir.

(30) voix d'outre-tombe : voix semblant venue d'ailleurs, du monde des morts.

(31) imperturbable : que rien ne peut troubler, calme.

(32) taverne : cabaret, lieu où l'on servait à boire.

(33) enfer : dans la tradition chrétienne, l'enfer est le lieu où vont des personnes méchantes pour l'éternité.

(34) pence : pence est le pluriel de penny, pièce de monnaie correspondant à notre centime, utilisée au Royaume-Uni.

(35) bourse : l'endroit dans lequel il range son argent.

(36) contraint : participe passé du verbe contraindre, qui signifie obliger quelqu'un à faire quelque chose.

(37) paradis : lieu supposé dans lequel les âmes de ceux qui ont un bon comportement vont pour l'éternité.

(38) braise : résidu ardent de la combustion du bois.

(39) navet : légume blanc et rose que l'on peut manger cru comme cuit. On utilise aussi le mot de navet pour parler d'un film sans intérêt.

(40) errance : Jack marche sans but.

(41) s'indigne : se révolte, se met en colère.

(42) frayeur : peur.

(43) claironne : parle fort.

(44) achève : termine.

(45) sollicitée : interrogée. Madame **i** est contente qu'on lui demande à nouveau de raconter.

(46) reprend le fil : continue à raconter.

(47) fameux : célèbre, connu, réputé.

(48) maléfiques : qui ont une mauvaise influence, néfaste et malfaisante, source de mal, qui provoquent le malheur.

(49) hanter : fréquenter un endroit. On dit que les fantômes hantent les vieux châteaux.

(50) soul cakes : biscuits préparés traditionnellement pour le jour des défunts au Royame-Uni.

(51) tradition : habitude que l'on se transmet de génération en génération.

(52) dépitée : déçue, contrariée.

(53) vampire : à la base, le vampire désigne une chauve-souris. Aujourd'hui, c'est un mort-vivant se nourrissant du sang de ses victimes.

(54) récolteras : obtiendras, ramasseras.

(55) gourmandise : fait de manger ou d'avoir envie de manger plus que de raison, plus que de besoin des aliments que l'on considère comme agréable.

(56) hôtes : personnes qui reçoivent, qui invitent.

(57) mémorables : qu'on n'oublie pas.

À découvrir dans cette même collection

Le remplaçant

Les chevaux du vent

Le secret
de Petit Malin

L'anniversaire au bord
de la mer